# 宗教事务条例

中国法制出版社

# 目　录

# 中华人民共和国国务院令

第 686 号

《宗教事务条例》已经 2017 年 6 月 14 日国务院第 176 次常务会议修订通过，现将修订后的《宗教事务条例》公布，自 2018 年 2 月 1 日起施行。

总理　李克强

2017 年 8 月 26 日

# 宗教事务条例

（2004年11月30日中华人民共和国国务院令第426号公布　2017年6月14日国务院第176次常务会议修订通过）

## 第一章　总　　则

**第一条**　为了保障公民宗教信仰自由，维护宗教和睦与社会和谐，规范宗教事务管理，提高宗教工作法治化水平，根据宪法和有关法律，制定本条例。

**第二条**　公民有宗教信仰自由。

任何组织或者个人不得强制公民信仰宗教或者不信仰宗教，不得歧视信仰宗教的公民（以下称信教公民）或者不信仰宗教的公民（以下称不信教公民）。

信教公民和不信教公民、信仰不同宗教的公民应当相互尊重、和睦相处。

**第三条**　宗教事务管理坚持保护合法、制止非法、遏制极端、抵御渗透、打击犯罪的原则。

**第四条** 国家依法保护正常的宗教活动，积极引导宗教与社会主义社会相适应，维护宗教团体、宗教院校、宗教活动场所和信教公民的合法权益。

宗教团体、宗教院校、宗教活动场所和信教公民应当遵守宪法、法律、法规和规章，践行社会主义核心价值观，维护国家统一、民族团结、宗教和睦与社会稳定。

任何组织或者个人不得利用宗教进行危害国家安全、破坏社会秩序、损害公民身体健康、妨碍国家教育制度，以及其他损害国家利益、社会公共利益和公民合法权益等违法活动。

任何组织或者个人不得在不同宗教之间、同一宗教内部以及信教公民与不信教公民之间制造矛盾与冲突，不得宣扬、支持、资助宗教极端主义，不得利用宗教破坏民族团结、分裂国家和进行恐怖活动。

**第五条** 各宗教坚持独立自主自办的原则，宗教团体、宗教院校、宗教活动场所和宗教事务不受外国势力的支配。

宗教团体、宗教院校、宗教活动场所、宗教教职人员在相互尊重、平等、友好的基础上开展对外交往；其他组织或者个人在对外经济、文化等合作、交流活动中不得接受附加的宗教条件。

**第六条** 各级人民政府应当加强宗教工作，建立健全宗教工作机制，保障工作力量和必要的工作条件。

县级以上人民政府宗教事务部门依法对涉及国家利益和社会公共利益的宗教事务进行行政管理，县级以上人民政府其他有关部门在各自职责范围内依法负责有关的行政管理工作。

乡级人民政府应当做好本行政区域的宗教事务管理工作。村民委员会、居民委员会应当依法协助人民政府管理宗教事务。

各级人民政府应当听取宗教团体、宗教院校、宗教活动场所和信教公民的意见，协调宗教事务管理工作，为宗教团体、宗教院校和宗教活动场所提供公共服务。

## 第二章 宗教团体

**第七条** 宗教团体的成立、变更和注销，应当依照国家社会团体管理的有关规定办理登记。

宗教团体章程应当符合国家社会团体管理的有关规定。

宗教团体按照章程开展活动，受法律保护。

**第八条** 宗教团体具有下列职能：

（一）协助人民政府贯彻落实法律、法规、规章和政策，维护信教公民的合法权益；

（二）指导宗教教务，制定规章制度并督促落实；

（三）从事宗教文化研究，阐释宗教教义教规，开展宗教思想建设；

（四）开展宗教教育培训，培养宗教教职人员，认定、管理宗教教职人员；

（五）法律、法规、规章和宗教团体章程规定的其他职能。

**第九条** 全国性宗教团体和省、自治区、直辖市宗教团体可以根据本宗教的需要按照规定选派和接收宗教留学人员，其他任何组织或者个人不得选派和接收宗教留学人员。

**第十条** 宗教院校、宗教活动场所和宗教教职人员应当遵守宗教团体制定的规章制度。

## 第三章 宗教院校

**第十一条** 宗教院校由全国性宗教团体或者省、自治区、直辖市宗教团体设立。其他任何组织或者个人不得设立宗教院校。

**第十二条** 设立宗教院校，应当由全国性宗教团体向国务院宗教事务部门提出申请，或者由省、自治区、直辖市宗教团体向拟设立的宗教院校所在地的省、自治区、直辖市人民政府宗教事务部门提出申请。省、自治区、直辖市人民政府宗教事务部门应当自收到申请之日起30日内提出意见，报国务院宗教事务部门审批。

国务院宗教事务部门应当自收到全国性宗教团体的申请或者省、自治区、直辖市人民政府宗教事务部门报送的材料之日起60日内，作出批准或者不予批准的决定。

**第十三条** 设立宗教院校，应当具备下列条件：

（一）有明确的培养目标、办学章程和课程设置计划；

（二）有符合培养条件的生源；

（三）有必要的办学资金和稳定的经费来源；

（四）有教学任务和办学规模所必需的教学场所、设施设备；

（五）有专职的院校负责人、合格的专职教师和内部管理组织；

（六）布局合理。

**第十四条** 经批准设立的宗教院校，可以按照有关规定申请法人登记。

**第十五条** 宗教院校变更校址、校名、隶属关系、培养目标、学制、办学规模等以及合并、分设和终止，应当按照本条例第十二条规定的程序办理。

**第十六条** 宗教院校实行特定的教师资格认定、职称评审聘任和学生学位授予制度，具体办法由国务院宗教事务部门另行制定。

**第十七条** 宗教院校聘用外籍专业人员，应当经国务院宗教事务部门同意后，到所在地外国人工作管理部门办理相关手续。

**第十八条** 宗教团体和寺院、宫观、清真寺、教堂（以下称寺观教堂）开展培养宗教教职人员、学习时间在3个月以上的宗教教育培训，应当报设区的市级以上地方人民政府宗教事务部门审批。

## 第四章　宗教活动场所

**第十九条**　宗教活动场所包括寺观教堂和其他固定宗教活动处所。

寺观教堂和其他固定宗教活动处所的区分标准由省、自治区、直辖市人民政府宗教事务部门制定，报国务院宗教事务部门备案。

**第二十条**　设立宗教活动场所，应当具备下列条件：

（一）设立宗旨不违背本条例第四条、第五条的规定；

（二）当地信教公民有经常进行集体宗教活动的需要；

（三）有拟主持宗教活动的宗教教职人员或者符合本宗教规定的其他人员；

（四）有必要的资金，资金来源渠道合法；

（五）布局合理，符合城乡规划要求，不妨碍周围单位和居民的正常生产、生活。

**第二十一条** 筹备设立宗教活动场所，由宗教团体向拟设立的宗教活动场所所在地的县级人民政府宗教事务部门提出申请。县级人民政府宗教事务部门应当自收到申请之日起30日内提出审核意见，报设区的市级人民政府宗教事务部门。

设区的市级人民政府宗教事务部门应当自收到县级人民政府宗教事务部门报送的材料之日起30日内，对申请设立其他固定宗教活动处所的，作出批准或者不予批准的决定；对申请设立寺观教堂的，提出审核意见，报省、自治区、直辖市人民政府宗教事务部门审批。

省、自治区、直辖市人民政府宗教事务部门应当自收到设区的市级人民政府宗教事务部门报送的材料之日起30日内，作出批准或者不予批准的决定。

宗教活动场所的设立申请获批准后，方可办理该宗教活动场所的筹建事项。

**第二十二条** 宗教活动场所经批准筹备并建设完工后，应当向所在地的县级人民政府宗教事务部门申请登记。县级人民政府宗教事务部门应当自收到申请之日起30日内对该宗教活动场所的管理组织、规章制度建设等情况进行审核，对符合条件的予以登记，发给《宗教活动场所登记证》。

**第二十三条** 宗教活动场所符合法人条件的，经所在地宗教团体同意，并报县级人民政府宗教事务部门审查同意后，可以到民政部门办理法人登记。

**第二十四条** 宗教活动场所终止或者变更登记内容的，应当到原登记管理机关办理相应的注销或者变更登记手续。

**第二十五条** 宗教活动场所应当成立管理组织，实行民主管理。宗教活动场所管理组织的成员，经民主协商推选，并报该场所的登记管理机关备案。

**第二十六条** 宗教活动场所应当加强内部管理，依照有关法律、法规、规章的规定，建立健全人员、财务、资产、会计、治安、消防、文物保护、卫生防疫等管理制度，接受当地人民政府有关部门的指导、监督、检查。

**第二十七条** 宗教事务部门应当对宗教活动场所遵守法律、法规、规章情况，建立和执行场所管理制度情况，登记项目变更情况，以及宗教活动和涉外活动情况进行监督检查。宗教活动场所应当接受宗教事务部门的监督检查。

**第二十八条** 宗教活动场所内可以经销宗教用品、宗教艺术品和宗教出版物。

**第二十九条** 宗教活动场所应当防范本场所内发生重大事故或者发生违犯宗教禁忌等伤害信教公民宗教感情、破坏民族团结、影响社会稳定的事件。

发生前款所列事故或者事件时，宗教活动场所应当立即报告所在地的县级人民政府宗教事务部门。

**第三十条** 宗教团体、寺观教堂拟在寺观教堂内修建大型露天宗教造像，应当由省、自治区、直辖市宗教团体向省、自治区、直辖市人民政府宗教事务部门提出申请。省、自治区、直辖市人民政府宗教事务部门应当自收到申请之日起30日内提出意见，报国务院宗教事务部门审批。

国务院宗教事务部门应当自收到修建大型露天宗教造像报告之日起60日内，作出批准或者不予批准的决定。

宗教团体、寺观教堂以外的组织以及个人不得修建大型露天宗教造像。

禁止在寺观教堂外修建大型露天宗教造像。

**第三十一条** 有关单位和个人在宗教活动场所内设立商业服务网点、举办陈列展览、拍摄电影电视片和开展其他活动，应当事先征得该宗教活动场所同意。

**第三十二条** 地方各级人民政府应当根据实际需要，将宗教活动场所建设纳入土地利用总体规划和城乡规划。

宗教活动场所、大型露天宗教造像的建设应当符合土地利用总体规划、城乡规划和工程建设、文物保护等有关法律、法规。

**第三十三条** 在宗教活动场所内改建或者新建建筑物，应当经所在地县级以上地方人民政府宗教事务部门批准后，依法办理规划、建设等手续。

宗教活动场所扩建、异地重建的，应当按照本条例第二十一条规定的程序办理。

**第三十四条** 景区内有宗教活动场所的，其所在地的县级以上地方人民政府应当协调、处理宗教活动场所与景区管理组织及园林、林业、文物、旅游等方面的利益关系，维护宗教活动场所、宗教教职人员和信教公民的合法权益，保护正常的宗教活动。

以宗教活动场所为主要游览内容的景区的规划建设，应当与宗教活动场所的风格、环境相协调。

**第三十五条** 信教公民有进行经常性集体宗教活动需要，尚不具备条件申请设立宗教活动场所的，由信教公民代表向县级人民政府宗教事务部门提出申请，县级人民政府宗教事务部门征求所在地宗教团体和乡级人民政府意见后，可以为其指定临时活动地点。

在县级人民政府宗教事务部门指导下，所在地乡级人民政府对临时活动地点的活动进行监管。具备设立宗教活动场所条件后，办理宗教活动场所设立审批和登记手续。

临时活动地点的宗教活动应当符合本条例的相关规定。

## 第五章 宗教教职人员

**第三十六条** 宗教教职人员经宗教团体认定，报县级以上人民政府宗教事务部门备案，可以从事宗教教务活动。

藏传佛教活佛传承继位，在佛教团体的指导下，依照宗教仪轨和历史定制办理，报省级以上人民政府宗教事务部门或者省级以上人民政府批准。天主教的主教由天主教的全国性宗教团体报国务院宗教事务部门备案。

未取得或者已丧失宗教教职人员资格的，不得以宗教教职人员的身份从事活动。

**第三十七条** 宗教教职人员担任或者离任宗教活动场所主要教职，经本宗教的宗教团体同意后，报县级以上人民政府宗教事务部门备案。

**第三十八条** 宗教教职人员主持宗教活动、举行宗教仪式、从事宗教典籍整理、进行宗教文化研究、开展公益慈善等活动，受法律保护。

**第三十九条** 宗教教职人员依法参加社会保障并享有相关权利。宗教团体、宗教院校、宗教活动场所应当按照规定为宗教教职人员办理社会保险登记。

## 第六章 宗教活动

**第四十条** 信教公民的集体宗教活动，一般应当在宗教活动场所内举行，由宗教活动场所、宗教团体或者宗教院校组织，由宗教教职人员或者符合本宗教规定的其他人员主持，按照教义教规进行。

**第四十一条**　非宗教团体、非宗教院校、非宗教活动场所、非指定的临时活动地点不得组织、举行宗教活动，不得接受宗教性的捐赠。

非宗教团体、非宗教院校、非宗教活动场所不得开展宗教教育培训，不得组织公民出境参加宗教方面的培训、会议、活动等。

**第四十二条**　跨省、自治区、直辖市举行超过宗教活动场所容纳规模的大型宗教活动，或者在宗教活动场所外举行大型宗教活动，应当由主办的宗教团体、寺观教堂在拟举行日的30日前，向大型宗教活动举办地的设区的市级人民政府宗教事务部门提出申请。设区的市级人民政府宗教事务部门应当自受理之日起15日内，在征求本级人民政府公安机关意见后，作出批准或者不予批准的决定。作出批准决定的，由批准机关向省级人民政府宗教事务部门备案。

大型宗教活动应当按照批准通知书载明的要求依宗教仪轨进行，不得违反本条例第四条、第五条的有关规定。主办的宗教团体、寺观教堂应当采取有效措施防止意外事故的发生，保证大型宗教活动安全、有序进行。大型宗教活动举办地的乡级人民政府和县级以上地方人民政府有关部门应当依据各自职责实施必要的管理和指导。

**第四十三条** 信仰伊斯兰教的中国公民前往国外朝觐，由伊斯兰教全国性宗教团体负责组织。

**第四十四条** 禁止在宗教院校以外的学校及其他教育机构传教、举行宗教活动、成立宗教组织、设立宗教活动场所。

**第四十五条** 宗教团体、宗教院校和寺观教堂按照国家有关规定可以编印、发送宗教内部资料性出版物。出版公开发行的宗教出版物，按照国家出版管理的规定办理。

涉及宗教内容的出版物，应当符合国家出版管理的规定，并不得含有下列内容：

（一）破坏信教公民与不信教公民和睦相处的；

（二）破坏不同宗教之间和睦以及宗教内部和睦的；

（三）歧视、侮辱信教公民或者不信教公民的；

（四）宣扬宗教极端主义的；

（五）违背宗教的独立自主自办原则的。

**第四十六条** 超出个人自用、合理数量的宗教类出版物及印刷品进境，或者以其他方式进口宗教类出版物及印刷品，应当按照国家有关规定办理。

**第四十七条** 从事互联网宗教信息服务，应当经省级以上人民政府宗教事务部门审核同意后，按照国家互联网信息服务管理有关规定办理。

**第四十八条** 互联网宗教信息服务的内容应当符合有关法律、法规、规章和宗教事务管理的相关规定。

互联网宗教信息服务的内容，不得违反本条例第四十五条第二款的规定。

## 第七章 宗教财产

**第四十九条** 宗教团体、宗教院校、宗教活动场所对依法占有的属于国家、集体所有的财产，依照法律和国家有关规定管理和使用；对其他合法财产，依法享有所有权或者其他财产权利。

**第五十条** 宗教团体、宗教院校、宗教活动场所合法使用的土地，合法所有或者使用的房屋、构筑物、设施，以及其他合法财产、收益，受法律保护。

任何组织或者个人不得侵占、哄抢、私分、损毁或者非法查封、扣押、冻结、没收、处分宗教团体、宗教院校、宗教活动场所的合法财产，不得损毁宗教团体、宗教院校、宗教活动场所占有、使用的文物。

**第五十一条** 宗教团体、宗教院校、宗教活动场所所有的房屋和使用的土地等不动产，应当依法向县级以上地方人民政府不动产登记机构申请不动产登记，领取不动产权证书；产权变更、转移的，应当及时办理变更、转移登记。

涉及宗教团体、宗教院校、宗教活动场所土地使用权变更或者转移时，不动产登记机构应当征求本级人民政府宗教事务部门的意见。

**第五十二条** 宗教团体、宗教院校、宗教活动场所是非营利性组织，其财产和收入应当用于与其宗旨相符的活动以及公益慈善事业，不得用于分配。

**第五十三条** 任何组织或者个人捐资修建宗教活动场所，不享有该宗教活动场所的所有权、使用权，不得从该宗教活动场所获得经济收益。

禁止投资、承包经营宗教活动场所或者大型露天宗教造像，禁止以宗教名义进行商业宣传。

**第五十四条** 宗教活动场所用于宗教活动的房屋、构筑物及其附属的宗教教职人员生活用房不得转让、抵押或者作为实物投资。

**第五十五条** 为了公共利益需要，征收宗教团体、宗教院校或者宗教活动场所房屋的，应当按照国家房屋征收的有关规定执行。宗教团体、宗教院校或者宗教活动场所可以选择货币补偿，也可以选择房屋产权调换或者重建。

**第五十六条** 宗教团体、宗教院校、宗教活动场所、宗教教职人员可以依法兴办公益慈善事业。

任何组织或者个人不得利用公益慈善活动传教。

**第五十七条** 宗教团体、宗教院校、宗教活动场所可以按照国家有关规定接受境内外组织和个人的捐赠，用于与其宗旨相符的活动。

宗教团体、宗教院校、宗教活动场所不得接受境外组织和个人附带条件的捐赠，接受捐赠金额超过10万元的，应当报县级以上人民政府宗教事务部门审批。

宗教团体、宗教院校、宗教活动场所可以按照宗教习惯接受公民的捐赠，但不得强迫或者摊派。

**第五十八条** 宗教团体、宗教院校、宗教活动场所应当执行国家统一的财务、资产、会计制度，向所在地的县级以上人民政府宗教事务部门报告财务状况、收支情况和接受、使用捐赠情况，接受其监督管理，并以适当方式向信教公民公布。宗教事务部门应当与有关部门共享相关管理信息。

宗教团体、宗教院校、宗教活动场所应当按照国家有关财务、会计制度，建立健全会计核算、财务报告、财务公开等制度，建立健全财务管理机构，配备必要的财务会计人员，加强财务管理。

政府有关部门可以组织对宗教团体、宗教院校、宗教活动场所进行财务、资产检查和审计。

**第五十九条** 宗教团体、宗教院校、宗教活动场所应当依法办理税务登记。

宗教团体、宗教院校、宗教活动场所和宗教教职人员应当依法办理纳税申报，按照国家有关规定享受税收优惠。

税务部门应当依法对宗教团体、宗教院校、宗教活动场所和宗教教职人员实施税收管理。

**第六十条** 宗教团体、宗教院校、宗教活动场所注销或者终止的，应当进行财产清算，清算后的剩余财产应当用于与其宗旨相符的事业。

## 第八章 法律责任

**第六十一条** 国家工作人员在宗教事务管理工作中滥用职权、玩忽职守、徇私舞弊，应当给予处分的，依法给予处分；构成犯罪的，依法追究刑事责任。

**第六十二条** 强制公民信仰宗教或者不信仰宗教，或者干扰宗教团体、宗教院校、宗教活动场所正常的宗教活动的，由宗教事务部门责令改正；有违反治安管理行为的，依法给予治安管理处罚。

侵犯宗教团体、宗教院校、宗教活动场所和信教公民合法权益的，依法承担民事责任；构成犯罪的，依法追究刑事责任。

**第六十三条** 宣扬、支持、资助宗教极端主义，或者利用宗教进行危害国家安全、公共安全，破坏民族团结、分裂国家和恐怖活动，侵犯公民人身权利、民主权利，妨害社会管理秩序，侵犯公私财产等违法活动，构成犯罪的，依法追究刑事责任；尚不构成犯罪的，由有关部门依法给予行政处罚；对公民、法人或者其他组织造成损失的，依法承担民事责任。

宗教团体、宗教院校或者宗教活动场所有前款行为，情节严重的，有关部门应当采取必要的措施对其进行整顿，拒不接受整顿的，由登记管理机关或者批准设立机关依法吊销其登记证书或者设立许可。

**第六十四条** 大型宗教活动过程中发生危害国家安全、公共安全或者严重破坏社会秩序情况的，由有关部门依照法律、法规进行处置和处罚；主办的宗教团体、寺观教堂负有责任的，由登记管理机关责令其撤换主要负责人，情节严重的，由登记管理机关吊销其登记证书。

擅自举行大型宗教活动的，由宗教事务部门会同有关部门责令停止活动，可以并处10万元以上30万元以下的罚款；有违法所得、非法财物的，没收违法所得和非法财物。其中，大型宗教活动是宗教团体、宗教活动场所擅自举办的，登记管理机关还可以责令该宗教团体、宗教活动场所撤换直接负责的主管人员。

**第六十五条** 宗教团体、宗教院校、宗教活动场所有下列行为之一的，由宗教事务部门责令改正；情节较重的，由登记管理机关或者批准设立机关责令该宗教团体、宗教院校、宗教活动场所撤换直接负责的主管人员；情节严重的，由登记管理机关或者批准设立机关责令停止日常活动，改组管理组织，限期整改，拒不整改的，依法吊销其登记证书或者设立许可；有违法所得、非法财物的，予以没收：

（一）未按规定办理变更登记或者备案手续的；

（二）宗教院校违反培养目标、办学章程和课程设置要求的；

（三）宗教活动场所违反本条例第二十六条规定，未建立有关管理制度或者管理制度不符合要求的；

（四）宗教活动场所违反本条例第五十四条规定，将用于宗教活动的房屋、构筑物及其附属的宗教教职人员生活用房转让、抵押或者作为实物投资的；

（五）宗教活动场所内发生重大事故、重大事件未及时报告，造成严重后果的；

（六）违反本条例第五条规定，违背宗教的独立自主自办原则的；

（七）违反国家有关规定接受境内外捐赠的；

（八）拒不接受行政管理机关依法实施的监督管理的。

**第六十六条** 临时活动地点的活动违反本条例相关规定的，由宗教事务部门责令改正；情节严重的，责令停止活动，撤销该临时活动地点；有违法所得、非法财物的，予以没收。

**第六十七条** 宗教团体、宗教院校、宗教活动场所违反国家有关财务、会计、资产、税收管理规定的，由财政、税务等部门依据相关规定进行处罚；情节严重的，经财政、税务部门提出，由登记管理机关或者批准设立机关吊销其登记证书或者设立许可。

**第六十八条** 涉及宗教内容的出版物或者互联网宗教信息服务有本条例第四十五条第二款禁止内容的，由有关部门对相关责任单位及人员依法给予行政处罚；构成犯罪的，依法追究刑事责任。

擅自从事互联网宗教信息服务或者超出批准或备案项目提供服务的，由有关部门根据相关法律、法规处理。

**第六十九条** 擅自设立宗教活动场所的，宗教活动场所已被撤销登记或者吊销登记证书仍然进行宗教活动的，或者擅自设立宗教院校的，由宗教事务部门会同有关部门予以取缔，有违法所得、非法财物的，没收违法所得和非法财物，违法所得无法确定的，处5万元以下的罚款；有违法房屋、构筑物的，由规划、建设等部门依法处理；有违反治安管理行为的，依法给予治安管理处罚。

非宗教团体、非宗教院校、非宗教活动场所、非指定的临时活动地点组织、举行宗教活动，接受宗教性捐赠的，由宗教事务部门会同公安、民政、建设、教育、文化、旅游、文物等有关部门责令停止活动；有违法所得、非法财物的，没收违法所得和非法财物，可以并处违法所得1倍以上3倍以下的罚款；违法所得无法确定的，处5万元以下的罚款；构成犯罪的，依法追究刑事责任。

**第七十条** 擅自组织公民出境参加宗教方面的培训、会议、朝觐等活动的，或者擅自开展宗教教育培训的，由宗教事务部门会同有关部门责令停止活动，可以并处2万元以上20万元以下的罚款；有违法所得的，没收违法所得；构成犯罪的，依法追究刑事责任。

在宗教院校以外的学校及其他教育机构传教、举行宗教活动、成立宗教组织、设立宗教活动场所的，由其审批机关或者其他有关部门责令限期改正并予以警告；有违法所得的，没收违法所得；情节严重的，责令停止招生、吊销办学许可；构成犯罪的，依法追究刑事责任。

**第七十一条** 为违法宗教活动提供条件的，由宗教事务部门给予警告，有违法所得、非法财物的，没收违法所得和非法财物，情节严重的，并处2万元以上20万元以下的罚款；有违法房屋、构筑物的，由规划、建设等部门依法处理；有违反治安管理行为的，依法给予治安管理处罚。

**第七十二条** 违反本条例规定修建大型露天宗教造像的，由宗教事务部门会同国土、规划、建设、旅游等部门责令停止施工，限期拆除，有违法所得的，没收违法所得；情节严重的，并处造像建设工程造价百分之五以上百分之十以下的罚款。

投资、承包经营宗教活动场所或者大型露天宗教造像的，由宗教事务部门会同工商、规划、建设等部门责令改正，并没收违法所得；情节严重的，由登记管理机关吊销该宗教活动场所的登记证书，并依法追究相关人员的责任。

**第七十三条** 宗教教职人员有下列行为之一的，由宗教事务部门给予警告，没收违法所得和非法财物；情节严重的，由宗教事务部门建议有关宗教团体、宗教院校或者宗教活动场所暂停其主持教务活动或者取消其宗教教职人员身份，并追究有关宗教团体、宗教院校或者宗教活动场所负责人的责任；有违反治安管理行为的，依法给予治安管理处罚；构成犯罪的，依法追究刑事责任：

（一）宣扬、支持、资助宗教极端主义，破坏民族团结、分裂国家和进行恐怖活动或者参与相关活动的；

（二）受境外势力支配，擅自接受境外宗教团体或者机构委任教职，以及其他违背宗教的独立自主自办原则的；

（三）违反国家有关规定接受境内外捐赠的；

（四）组织、主持未经批准的在宗教活动场所外举行的宗教活动的；

（五）其他违反法律、法规、规章的行为。

**第七十四条** 假冒宗教教职人员进行宗教活动或者骗取钱财等违法活动的，由宗教事务部门责令停止活动；有违法所得、非法财物的，没收违法所得和非法财物，并处1万元以下的罚款；有违反治安管理行为的，依法给予治安管理处罚；构成犯罪的，依法追究刑事责任。

**第七十五条** 对宗教事务部门的行政行为不服的，可以依法申请行政复议；对行政复议决定不服的，可以依法提起行政诉讼。

## 第九章 附 则

**第七十六条** 内地与香港特别行政区、澳门特别行政区和台湾地区进行宗教交往，按照法律、行政法规和国家有关规定办理。

**第七十七条** 本条例自2018年2月1日起施行。

# 在法治轨道上推进宗教工作
## ——《宗教事务条例》修订答记者问

2017 年 8 月 26 日，国务院总理李克强签署国务院令，公布了新修订的《宗教事务条例》（以下简称《条例》），自 2018 年 2 月 1 日起施行。日前，国务院法制办负责人就《条例》有关问题回答了记者提问。

**问：请简要介绍一下《条例》修订的背景和起草过程？**

**答：**《宗教事务条例》（以下简称原《条例》）自 2005 年 3 月 1 日起施行。原《条例》施行 12 年来，规范了宗教事务管理，维护了宗教界合法权益，在服务改革开放和社会主义现代化建设方面发挥了重要作用。近年来，随着国际国内形势的深刻变化，宗教领域出现了一些新情况新问题，给宗教事务管理提出了新的课题和要求。党的十八大以来，以习近平同志为核心的党中央高度重视宗教工作，强调对宗教事务的依法管理。2016 年，习近平总书记在全国宗教工作会议上指出，要提高宗教工作法治化水平，对宗教界反映强烈、社会普遍关注、工作中急需解决的问题作出明确规定。这些都迫切要求进一步修改完善原《条例》，使宗教事务管理的相关制度更加完善。

国家宗教局于 2016 年 6 月向国务院报送了《宗教事务条例（修订草案）（送审稿）》。国务院法制办收到此件后，多次征求有关部门、各省级人民政府、各全国性宗教团体以及专家学者的意见，并向社会公开征求意见，会同国家宗教局赴地方进行调研。在此基础上，国务院法制办会同国家宗教局等部门对送审稿反复研究、修改，形成了《宗教事务条例（修订草案）》。2017 年 6 月 14 日，国务院常务会议审议通过了修订草案，2017 年 8 月 26 日，李克强总理签署国务院令公布《条例》，自 2018 年 2 月 1 日起施行。

**问：**《条例》修订的着重点是什么？

**答：**《条例》修订主要着眼六个方面，具体来说就是“两维护”、“两明确”、“两规范”。两维护，即维护公民宗教信仰自由和宗教界合法权益、维护国家安全和社会和谐。两明确，即明确宗教活动场所法人资格和宗教财产权属、明确遏制宗教商业化倾向。两规范，即规范宗教界财务管理、规范互联网宗教信息服务。

**问：**《条例》在维护公民宗教信仰自由权利和宗教界合法权益方面作了哪些规定？

**答：**《条例》第六条规定各级人民政府应当为宗教团体、宗教院校和宗教活动场所提供公共服务；第十四条、第二十三条明确了宗教院校和宗教活动场所的法人资格；第十六条明确了宗教院校教师取得职称和学生取得学位的制度；第三十二条规定地方各级人民政府应当将宗教活动场所建设纳入土地利用总体规划和城乡规划；第三十四条增加了维护景区内宗教活动场所和信教群众合法权益的内容；第三十八条明确了宗教教职人员开展公益慈善活动受法律保护；第三十九条规定了宗教教职人员依法享有社会保障的权利；第四十九条、第五十条规定了宗教团体、宗教院校和宗教活动场所的财产权属；第五十二条明确了宗教财产收益的用途；第五十三条规定了任何组织或者个人捐资修建的宗教活动场所，不能享有所有权、使用权，不得从该宗教活动场所获得经济收益，禁止以宗教名义进行商业宣传；第五十五条规定宗教团体、宗教院校或者宗教活动场所房屋被征收时，可以选择货币补偿、房屋产权调换或者重建，等等。

**问：**《条例》在维护国家安全和社会和谐方面作了哪些规定？

**答：**《条例》第三条规定宗教事务管理坚持保护合法、制止非法、遏制极端、抵御渗透、打击犯罪的原则；第四条规定任何组织或者个人不得利用宗教进行危害国家安全的活动，不得宣扬、支持、资助宗教极端主义，不得利用宗教破坏民族团结、分裂国家和进行恐怖活动；第四十一条规定非宗教团体、非宗教院校、非宗教活动场所不得开展宗教教育培训，不得组织公民出境参加宗教方面的培训、会议、活动等；第四十四条规定禁止在宗教院校以外的学校及其他教育机构传教、举行宗教活动、成立宗教组织、设立宗教活动场所；第四十八条明确了互联网宗教信息服务的禁止内容；第五十六条规定不得利用公益慈善活动传教；第五十七条规定宗教团体、宗教院校、宗教活动场所不得接受境外组织和个人附带条件的捐赠；此外，还增加了对危害国家安全等行为的处罚。

**问：**《条例》对宗教活动场所法人资格和宗教财产权属作了哪些规定？

**答：**为解决宗教界关心的宗教活动场所法人资格和宗教财产权属问题，《条例》第二十三条规定，宗教活动场所符合法人条件的，经所在地宗教团体同意，并报县级人民政府宗教事务部门审查同意后，可以到民政部门办理法人登记；第四十九条规定，宗教团体、宗教院校、宗教活动场所对依法占有的属于国家、集体所有的财产，依照法律和国家有关规定管理和使用；对其他合法财产，依法享有所有权或者其他财产权利。

**问：**《条例》对遏制宗教商业化倾向、规范宗教界财务管理作了哪些规定？

**答：**宗教商业化问题不仅损害了宗教的形象，也影响了社会风气，急需源头治理。《条例》采取多项措施，严防借教敛财。第五十二条规定，宗教团体、宗教院校、宗教活动场所是非营利性组织，其财产和收入应当用于与其宗旨相符的活动以及公益慈善事业，不得用于分配。第五十三条规定，任何组织或者个人捐资修建宗教活动场所，不享有该宗教活动场所的所有权、使用权，不得从该宗教活动场所获得经济收益，禁止投资、承包经营宗教活动场所或者大型露天宗教造像，禁止以宗教名义进行商业宣传。第五十八条规定，宗教团体、宗教院校、宗教活动场所应当按照国家有关财务、会计制度，建立健全会计核算、财务报告、财务公开等制度，建立健全财务管理机构，配备必要的财务会计人员，加强财务管理，政府有关部门可以组织对宗教团体、宗教院校、宗教活动场所进行财务、资产检查和审计。第五十九条规定，宗教团体、宗教院校、宗教活动场所和宗教教职人员应当依法办理税务登记和纳税申报。同时，规定了相应的法律责任。

**问：**《条例》对规范互联网宗教信息服务作了哪些规定？

**答：**互联网不是法外之地。近年来，互联网逐渐成为宗教传播的重要渠道，网上涉及宗教的各种不规范现象和违法活动也呈增多态势，尤其是宗教极端思想通过互联网传播，给国家安全、社会稳定和公民人身安全带来严重威胁，互联网宗教信息服务必须纳入依法管理。《条例》第四十七条规定，从事互联网宗教信息服务，应当经省级以上人民政府宗教事务部门审核同意后，按照国家互联网信息服务管理有关规定办理；第四十八条规定，互联网宗教信息服务内容应当符合国家有关法律、法规、规章和宗教事务管理的相关规定；第六十八条规定了对互联网宗教信息服务违法行为的处罚。

**宗教事务条例：大字版**

ZONGJIAO SHIWU TIAOLI：DAZIBAN

经销/新华书店

印刷/北京海纳百川印刷有限公司

开本/850 毫米×1168 毫米　32 开　　印张/1.25　字数/14 千

版次/2022 年 8 月第 1 版　　2022 年 8 月第 1 次印刷

中国法制出版社出版

书号 ISBN 978-7-5216-2837-1　　定价：5.00 元

北京市西城区西便门西里甲 16 号西便门办公区

邮政编码：100053　　传真：010-63141600

**网址：http：//www.zgfzs.com　　编辑部电话：010-63141673**

**市场营销部电话：010-63141612　　印务部电话：010-63141606**

（如有印装质量问题，请与本社印务部联系。）